JN081976

新しき
繁栄の時代へ

地球にゴールデン・エイジを
実現せよ

Ryuho Okawa
大川隆法

まえがき

新しい啓蒙(けいもう)の時代がもうそこまで来ている。

人間が自分自身は何者かを悟らねば、ＡＩが新しい神になり、『コンピュータ全体主義』が地球上をおおうことになりかねない。

その世界では、基本的人権などなく、人間も、不完全な壊れゆく機械にしかすぎないだろう。

私はこういった人間観、価値観、似非(えせ)科学的学問観、未来観と対決すべく、三千回以上の説法をし、二千六百書以上の書物を全世界で刊行してきた。

神仏は存在するし、人間の本質は魂であり、過去・現在・未来へと生き続ける存在である。

だからこそ、基本的人権や民主主義、自由、信仰が成り立つのだ。人間が単なるサイボーグなら、ＡＩが神になり、全体主義的奴隷制が成立する。

今こそ地球にゴールデン・エイジを実現すべき時である。

二〇二〇年　一月二十二日

幸福の科学グループ創始者兼総裁　大川隆法

新しき繁栄の時代へ　目次

第1章　新しき繁栄の時代へ

二〇一九年十二月十七日　説法
埼玉県・さいたまスーパーアリーナにて

4　「新しい繁栄の時代」を拓く力　44

第2章　混迷の時代を強く、しなやかに生きる

――『鋼鉄の法』講義――

二〇二〇年一月五日　説法
東京都・幸福の科学 東京正心館にて

第1章

新しき繁栄(はんえい)の時代へ

2019年12月17日　説法(せっぽう)

埼玉(さいたま)県・さいたまスーパーアリーナにて

1　「あるべき未来」に向けて

「早すぎた予言者」だと分かっていても、言うべきことを言う

二〇一九年も足早に一年が過ぎましたが、大きな区切りとして言えることは、九月末に私の説法が三千回を超えたことです。説法はその後も続き、本法話で三千三十三回目となりました。あとは、行けるところまでやるつもりでいます。

基本的なことについてはだいたい述べてはいるものの、まだ基本的な考えが行き渡っていない地域や国もあります。心に決意は固めつつも、世界の大きさ

●私の説法が三千回を……　2019年9月29日収録の「ホメイニ師の霊言②」で、説法3000回を突破した。『イランの反論　ロウハニ大統領・ハメネイ師守護霊、ホメイニ師の霊言』（幸福の科学出版刊）所収。

に、立ち向かっていくのはなかなか大変なことであると思っています。

また、日本を取り巻くさまざまな政治的な環境も激変しており、私としても、「永遠普遍の法を説きたい」という気持ちと、「現在ただいまに困っておられることをどうにか解決したい」という気持ちの狭間で揺れる思いが、今年は繰り返し現れてきました。

特定の国の特定の人たちを救おうとすると、必ずその対抗勢力が反対側にあります。価値観がぶつかっているなかにおいて、片方を「正義」と判定し、片方を「間違っている」と判定するのは、実に勇気の要ることです。そして、その結論は歴史の検証に堪えなくてはなりません。

ですから、いつの時代も、すべての人にいい顔を見せることはできませんでした。現在もそうです。比較的穏やかに、人々に考え方を伝えているつもりではあるのですが、それでも、幾分かのレベルでは激しいぶつかり合いもあっただろうと思います。

「神の心」「愛」「勇気」「正義」、こういうものを人々に伝えんとして、この世における具体的な事案にまで下ろしてくると、必ず価値観のぶつかりが現れてきます。ある意味において、それは悲しいことです。ある人の重要な関心事を否定する価値観を打ち出したならば、ほかのことに関する意見なら受け入れた部分があったとしても、それで一挙に心を閉ざしてしまうことが数多くあります。それは悲しいことでしょう。

私は今、地上にいるため、「人間としての目」と、「救世主としての目」と、そして、「地球最高の世界から人類を見下ろしている目」の三つの目で見ながら発言し、行動しています。たいていの場合、早すぎた予言者は受け入れられないものです。分かってはいます。

しかし、どうしても言わなければならないことは、十年早くても、二十年早くても、百年早くても、言わなければなりません。

そのようなわけで、国内での伝道や海外での伝道活動を通じて感じてきたことを、一年のまとめとして述べたいと思います。

「台湾はすでに中国から独立している」と言い切った現地講演

二〇一九年で、最初に最も厳しい試練として感じたのは、三月に急遽、台湾を訪問し、講演会をしたときのことです。当時は、現総統の蔡英文さんの人気が下火になっていて、台湾の親中派のほうが支持率を上げていました。

●台湾を訪問し……　2019年3月3日、台湾・グランド ハイアット台北にて、「愛は憎しみを超えて」と題して講演および質疑応答を行った。『愛は憎しみを超えて』（幸福の科学出版刊）所収。

そのときに、私は台湾で講演会をし、「台湾は中国に帰属したことは一度もない。あなたがたが独立するかどうかの問題ではなく、すでにあなたがたは独立している」ということを言い切りました。それは、台湾のテレビ等においても、いろいろと姿を変えて流されました。

そして、年の終わりになると、●台湾の政界は私の言っているとおりに動いてきました。その理由は、おそらく、香港のデモ等の悲惨な現状を数多くの人が見て、「一国二制度」という制度を口だけで言われても信用できないことを、身に沁みて感じたからだろうと思います。

しかし、日本の街角を歩けば、中国からの観光客も数多く来ているのを目にします。なかなか経済が伸びないこの国の現状にあっては、現政権も中国に対して明確な反対意見を述べることができないでしょう。「数多くの観光客が来

●**台湾の政界は……**　2020年1月11日投開票の台湾総統選でも、中国に対抗する姿勢を取っている蔡英文氏が、過去最多の得票で再選。その後のBBCのインタビューで、「われわれはすでに独立主権国家である」と発言した。

なくなったらどうなるのか。景気はさらに冷え込むのではないか」といったことを感じるでしょう。

私もそういうものは感じます。繁華街で買い物をすると、入り口近くには中国人の買い物客たちが来ていて、日本のお店のほうも中国語を話せる店員を雇ってブランド物を売っていたりします。私がそういうところへ行くと、「ああ、日本人が来た。久しぶりに日本語で物が売れてよかった」などと言われることもあります。日本で「日本語で物が売れてうれしかった」と言われ、こちらも一瞬、「これでいいのか」というような気持ちにもなりました。

そこでバッグを買っている中国の人たちは、その横で買い物をしている私が、「習近平、このままでは許さん！」などと講演会で怒っている人であるとはまったく気づかず、日本のおじさんがウロウロしているぐらいにしか思っていないでしょう。

日本はそういう国なので、極めて平和です。普通に生活していても、まったく困らないでしょう。近所を散歩すれば、天皇陛下のご即位の儀式のときに万歳の音頭を取った政治家がトコトコと道を歩いているのとすれ違うこともあります。実に平和で安全な国でしょう。これは誇るべきことです。本当にそう思います。

できれば、そういう平和で安全な、緩やかにでも発展・繁栄していく国を続けることができればよいと思います。

しかしながら、世界の情勢においては、「さまざまな価値観の対立をどう乗り越えていくか」ということに対して、答えを出さねばならないことが数多くあるのです。

二〇二〇年以降に待ち受ける未来

本法話のテーマは「新しき繁栄の時代へ」ということなので、二〇二〇年以降のゴールデン・エイジの話だと思う人もいるかもしれません。「なるほど。そのように言えればよい」と思います。

二〇二〇年には東京オリンピックもあります。二〇一九年は「令和」という新しい天皇の世紀が始まり、その翌年には東京オリンピックがあるので、日本もこれで一気に景気がよくなり、世界のなかでもリーダーシップが発揮できるような国になっていけば、どれほどよいかと思うのです。

しかし、現実は、おそらく、二〇二〇年以降は喜びよりも苦しみから始まっ

●ゴールデン・エイジ　幸福の科学で予言されている、2020年以降の黄金時代のこと。無神論・唯物論の一党独裁国家や貧困、戦争等の問題が解決され、世界に平和が実現する時代を指す。『黄金の法』『いま求められる世界正義』（共に幸福の科学出版刊）参照。

ていくでしょう。

「苦しみだから駄目だ」と言っているのではありません。そのなかにこそ、私たちは、次の時代の「あるべき未来」を、そして、「あるべき自分自身の努力の姿」を見つけていかねばならないと思うのです。

2　日本が今、取るべき道とは

「大きな政府」を志向する現政権の問題点

まず、大事なことから述べていきます。

現政権は、明治以降の最長記録をつくりました。その意味において、非常に有能で優秀(ゆうしゅう)であり、よい実績をあげられたのでしょう。この点については、ある程度、認めなければいけないと思っています。

しかし、現在ただいまの情勢を見るかぎりでは、かなり厳しいところに来ているのではないでしょうか。

ただ、ここでは安倍（あべ）首相の批判はしません。新春早々、引退されると困るからです。今は賛成と反対が拮抗（きっこう）していますが、私が全世界に向けて安倍首相の批判を発信すると反対の数が増えるので、述べないことにします。それでも、内容は少しだけ分かるかもしれません。

日本人は、そういう婉曲（えんきょく）の言い方が分かるレベルの国民だと信じています。マスコミを通じて知る政治家の言葉も、そういう婉曲の言葉ばかりなので、そのような言い方をしても、少しは許してくださるのではないかと思います。

いちばんの問題は、今の政府が「大きな政府」を志向しているということです。これが問題だと、この十年間、言い続けてきているのですが、意味を分かってもらえないようです。

そして、国民のほうも、「政府に何をしてもらえるか」ということばかりを言います。マスコミのみなさんもたいへん親切な人たちばかりなので、「そうだ、そうだ。もっと政府は援助すべきだ。助けるべきだ。タダにすべきだ」ということをしきりに言ってきます。そうすると、だんだん、だんだん、〝バラマキ財政〟というものが大きくなってきます。

ただ、これは、そもそもにおいて根本的に、「大きな政府か、小さな政府か」という選択肢があるわけです。このことについて述べているのですが、分かってもらえないようです。

「大きな政府」というのは、自分たちの力を増していこうとします。したがって、税金も多いほうがいいし、国民に対する景気対策なども大きければ大きいほど効果があるわけです。

ですから、「桜を見る会」のようなもので安くお招きして、桜を見られるかどうかというようなことは問題ではなく、桜の下を掘(ほ)ったら、金貨、銀貨がザクザクと出てくるほうが、もっと効果的であろうと思います。本心ではそういうことをしたいでしょう。

これから先の「乱気流のなか」を生き延びる人とは

ただ、ここには、してはいけないことを示す〝一つの画すべき線〟があるのです。

それは何かというと、現代の人たちはなかなか認めないでしょうけれども、「他人(ひと)に頼(たよ)る人が多くなりすぎると、その国は必ず衰退(すいたい)する」ということです。

会社であっても衰退します。個人としても怠け者になっていきます。そして、国力が落ちていきます。

やはり、本当のプライドとは、「自分でできることは自分でするので、余計なことはしないでください」ということではないでしょうか。そのように言い返せるぐらいのプライドが欲しいのです。

政府はおせっかいです。いろいろなことをしてくれます。ありがたいことばかりでしょう。「保育所、幼稚園、小学校、中学校、高校、大学、できればすべて無償化したい」と言っています。大臣が教育のテストのあり方について、あれこれと議論しています。まことにありがたいことです。

しかし、やりすぎです。そこまでしなくてもよいのではないでしょうか。基本は、勉強したければ自分ですべきです。今、そういう教材はすでに溢れています。書店で手に入るような市販の学習教材で届かないところなど、まったくありません。東大へ行くために小学校から塾に行く必要などないのです。書店に売っている教材だけで受かります。本当にそうなのです。

ただ、生徒の多くは、そういうものをやるのは面倒くさいので、「もう少し、ヤマを当ててほしい」ということで、塾でプリント授業を受けて、学校では寝ているのです。そのように、生徒の多くが寝ているので、政府は学校の授業料を無償にしていこうとしているわけです。

もちろん、塾の費用がかかるので、学費をタダにしてくれるのはありがたいと思うでしょう。しかし、子供たちは疲れ切っています。

そして、塾で鍛えた条件反射的な能力で、いろいろな問題が解けるようにはなるものの、大学に入るころには燃え尽きてきており、それからあとはもう、

「入学したら、あくまでもエリートコースを歩めて、バラ色の未来が来るといいな」と思っている人が多いようです。

ところが、残念ながら、世の中はそのようになっていないのです。そうしたよい成績を取った人たちは、人がうらやむようなところに就職していきますが、今、人気のあるところが、これから先、二〇二〇年以降、たくさん潰（つぶ）れていきます。

そして、その「乱気流のなか」を生き延びていけるのは、荒々（あらあら）しく、自分の頭で考えて、汗（あせ）を流して、歯を食いしばって努力してきた人のみなのです。

そうした努力を続けることができるでしょうか。「小さいころから努力したたから、もういいじゃないか」と思う人も多いと思います。しかし、やはり、考え方を変えるべきです。

「人生百年時代」に入りました。いつからでも、新しい努力を開始して、新しい能力を身につけて、新しい仕事にチャレンジできるようなみなさんになっていただきたいのです。

「最強国から転落していく道」を辿ろうとしている日本

政府のくれるものを、ただ待っているだけではいけないと思います。おそらく、そうした姿勢が、この国の未来を暗くしていくことになるでしょう。

今、政府には、一千百兆円の財政赤字があります。「これを消すために消費税を上げる」と言って、「三パーセント」「五パーセント」「八パーセント」、そして、「十パーセント」と上げてきました。そのあとは、みなさんご存じのように、急速に税収も減り、売上も落ち込(こ)んでいます。

「強い、強い」と言われたコンビニなどでも店舗(てんぽ)の縮小を言っており、日本を代表するような百貨店も、店を撤退(てったい)しなければならない事態が近づいていると言われています。

残念ですが、何かが間違(まちが)っているのです。

その間違っているものが何かというと、やはり、最初に述べた、「大きな政府が、みなの面倒を見る」という考え方でしょう。

これは、ヨーロッパ、特にイギリスが辿(たど)った「最強国から転落していく道」を、日本がなぞろうとしているのです。

あるいは、北欧(ほくおう)もそうした福祉(ふくし)国家になっているし、お隣(となり)の中国も、成功した修正社会主義のように見せて、「社会主義的な計画経済には、まだ成功する可能性があるのだ」ということを示そうとしているようです。

しかし、残念ながら、どのような頭脳を持った人間であっても、「あらゆる仕事において成功する方法」を教えることはできないのです。そのため、少人数の人たちがリーダーをしようとすると、必ず「統制型」になっていきます。

そして、「画一型」になっていくのです。残念なことです。

3　コンピュータ社会の危険性

ＡＩによって人間が監視(かんし)される国、中国

また、私たちが見逃(みのが)していたことがあります。

コンピュータ時代が来て以来、私たちは、「コンピュータというのは、経済を成長させ、製造費を安くし、会社の利益を大きくして会社を大きくし、もちろん、国の税収も増やすものだ」と思っていたと思います。

しかし、残念ながら、この「コンピュータ社会」と「全体主義」とがつなが

ろうとしているということに、今、やっと気がついてきたのです。

お隣の中国では、二〇二二年までに国民二人に一台、監視カメラがつくことになっています。そして、そのなかには、数多くの日本製品が含まれています。

したがって、私は、それをあまり繰り返して言うことはできません。

しかしながら、「国民二人に一台の監視カメラが割り当てられるぐらいの監視社会」というのは、ＡＩが出てきて、全体を把握することができるようになって可能になってきたのです。

科学者たち、あるいは、技術者たちが努力した結果、逆に、人間が監視され、統制された「警察国家のような国」が出来上がってきています。日本も今、知らないうちに、徐々にその影響を受けています。怖いことです。統制する側、統治する側にとってはとても便利ですが、これは怖いことなのです。

私たちは過去、違ったかたちで、こういう体制と戦ってきたことがあります。今、監視カメラの話をしましたが、白人男性の顔面認証システムの適合率、正答率はだいたい九十九パーセントです。その人の顔を映せば、本人とイコールである可能性は九十九パーセントです。しかし、有色人種、すなわち、黄色人種や黒人の方々、アジアやアフリカ等出身の方々の場合は違います。例えば、有色人種の女性を顔面認証システムにかけたところ、的中率が六十五パーセントだったこともあるそうです。これで「警察国家」をやられると、大変な間違いが起きます。

ですから、アメリカも一部は使っていますが、サンフランシスコの裁判所では、顔面認証システムは裁判の証拠として認められていません。

しかし、それに基づいて国民を管理すると、誤解や間違いが数多く生まれるだろうと思います。

今、私たちに必要なのは、「堂々と、自分たちの顔を出して、自分たちの意見を言い、表現し、行動し、政治的活動をなす。そして、多様な価値観がぶつかり合って、そのなかから選ばれていく結論に納得がいったら、最後はみなでついていく」という考え方です。これならば、よいのです。

しかし、「最初に結論があり、この考え方以外は認めない」というシステムが、現代のハイテクを通して人々を管理するようになると、自分たちのつくったものが、自分たちを害するようになってきます。

機械を信仰しすぎると「人間の時代の終わり」が来る

抵抗運動が必要となってきました。機械信仰をあまりに持ちすぎるのは考えものです。むしろ、対抗する価値観も出さねばなりません。

人間が手づくりでやった仕事を高く評価する。考えて、アイデアを出して、新しくつくり出したものを評価する。また、そのなかに人類に対する愛がこもっているものを、値打ちがあるものだと考える。こうした価値観です。

効率よく画一的に大量生産できる時代だけが、よい時代ではありません。それは、あなたがたがコンピュータ、ロボット、ＡＩなどに負けていく世界であり、「将来的には、占い師に代わって、彼らに人生を決められる時代が来る」

ということを意味しています。

医学の領域でもそうでしょう。今、出産前に、その子供を産むべきかどうかを判断されていませんか。神から授かった子供を産むかどうか。これについて、コンピュータ診断で、「この胎児は早めに殺すべきである」という〝結論〟が出ています。

しかし、コンピュータは神を知らない。

コンピュータは魂を知らない。

コンピュータは、この世に出る前の人間の姿、その命を知らず、この地上を去った世界における人間の生き方を知らない。

その知らないことを知らないものとして、彼らが人間に仕えるのはよいけれども、彼らに人間が仕えたら、それは、「あなたがたの時代の終わりが来る」

ということを意味しています。

したがって、これからも便利なものは使って結構ですが、機械や科学万能信仰に支配されていないかどうかについて、よく考えてください。

千回近い公開霊言は、霊界の存在を証明している

機械が全部決めてくれるようになり、「それがよいことだ」と思っているならば、それは大変なことです。実に恐ろしいことです。

というのも、現代の科学は、私が説いていることを九十パーセント以上、判定できないからです。そうでしょう。学問的な材料は何もないのです。

しかし、学問的に材料はないけれども、今、私はその証明を続けています。

二〇一九年の発表として、霊言はまだ過去九百九十六回しかしておらず、あと四回足りなくて千回のお祝いができなかったのですが（説法時点）、それは年内に頑張ります。ただ、何もないよりは頑張っているでしょう。

「勉強して、頭で考えて書いているのだろう」と言う人もいます。しかし、書けるものなら、書いてみてください。石原慎太郎さんがまねをして、〝田中角栄の霊言〟を一冊書いたことがありますが、その一冊で終わっています。

私は、最近では長谷川慶太郎さんと中曽根康弘さんの霊言を同時に出しています。中曽根さんは、亡くなって一日で霊言をしに来ています。一日で書けるもの

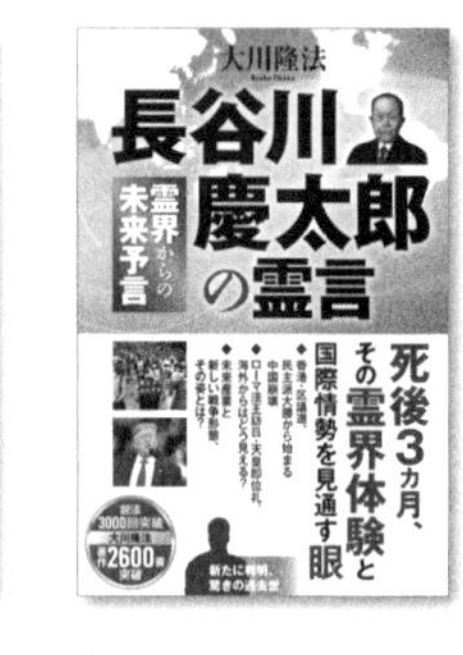

『長谷川慶太郎の霊言』（幸福の科学出版刊）

『中曽根康弘の霊言』（幸福の科学出版刊）

なら、書いてください。

収録映像は幸福の科学の支部で公開しています。本の活字の内容は、支部で観(み)ることができる霊言の内容どおりです。文字に起こしているだけだからです。一日で勉強して書ける人がいたら、どうか出てきてください。私は、誰(だれ)が亡くなっても霊言を出せるのです。ただし、内容があればです。内容がなければ出す必要はありませんけれども、各種さまざまな方の霊言を出しています。

歴史上、霊言(れいげん)は「文化の源流」「学問の源流」となってきた

ただ、私も本当は、あまりやりたくないところもあるのです。文部科学省のようなところが、「霊言(れいげん)を出している宗教だから学問性がない」などと言って、

●年内に……　2019年12月25日収録の「公開霊言1000回突破記念『釈尊(しゃくそん)の霊言』―情欲と悟りへの修行―」をもって、公開霊言・リーディング1000回を突破した。

大学を不認可にしたりするので、腹が立ってしかたがありません。

「君たち、イスラム教は『コーラン』からできているのを知っているのか。『コーラン』は神の声を伝えており、それは全部、霊言集でできているのを分かっているのか。イスラム教系で学校がないと思っているのか。そんなことも知らないのか」と言いたくなります。

また、キリスト教のさまざまな派のなかにだって、そうした霊言に近いものが出るところはあるのです。古代のユダヤ教もそうです。インドの宗教を調べてごらんなさい。神の声など、いくらでも聴こえています。

こうしたものは全部、「文化の源流」であるし、「学問の源流」なのです。

それらを全部、無神論・唯物論、そして、科学万能主義に持っていったのが、戦後の学問の流れなのです。

●**大学を不認可に**……　2014年、文部科学省に「幸福の科学大学」の設置認可申請を行ったが、同年10月、文部科学省は大学設置を不認可とした。その後、学校法人幸福の科学学園は、2019年10月25日に大学設置の再申請を行っている。

しかし、これは間違っている。はっきり言って、間違っているのです。死んでからあとには、もちろん、正確な「原因と結果の法則」がやってきますが、死ぬ前にそれを教えてあげたい。そのような私の親切から、数多く出しているのです。

このようなものを嘘(うそ)で書いて、本にして出し、翻訳(ほんやく)して海外にまで広める必要などありません。まったくない。まったくその必要はない。

ただ、この世を去った世界においては、「自分たちが死んだあとも世界が続いていて、コンピュータなどまったく通じない世界がある。トヨタのロボットで組み立てるような車がつくれない世界が、そこにある」ということを伝えたい人がたくさんいるのです。「食べ物を食べなくても生きていける人たちがいる」ということ、「酸素がなくても生きていける世界がある」ということを伝えたい方がたくさんいるのです。だから、紹介しています。

そして、その数多く出されている幸福の科学の書籍群や言葉の数々は、「未来の文明」のもとになってゆくものです。

今すぐとは言いません。しかしながら、未来の文明がどうなっていくか。未来にどのような文化ができてくるか。どのような方向に世界が進んでいくか。それはすべて、幸福の科学から出ているものを研究すれば見えてくるのです。

ですから、私たちが言っていることは「未来科学」であり、「未来の学問」でもあるのです。まだ学問には見えてはいないかもしれません。しかし、誰かがやらねばならないことなのです。

それは、「新しい常識」に替わっていくものです。

そして、かつては常識であったものです。この三百年ぐらいの歴史のなかで、

啓蒙時代と産業革命の時代のなかで、だんだん、宗教が後退し、魔術が衰退し、
そして、唯物論が台頭してきているのです。

4 「新しい繁栄の時代」を拓く力

香港が護る価値観のなかに、中国の未来が描かれている

私は、中国の人たちのことも、根本的には好きです。また、過去の歴史を勉強しても、学ぶことはとても多くあります。

例えば、習近平氏には、中国の古典から教えてあげたいことがあります。

「君は舟なり、人は水なり。水は能く舟を載せ、また能く舟を覆す」

このようなことが『貞観政要』に載っています。知らない方もいると思いま

すが、唐の時代の全盛期を築いたときの歴史書で、日本の歴史においても、これを勉強された方がさまざまなよい政治をなされました。北条政子や徳川家康など、いろいろな方が勉強していますし、明治維新のときにも、勉強した方はたくさんいます。

舟というのは水の上に浮かんでいます。だから、その舟を支えている水よりは、舟のほうが偉いように見える。君主というものは、自分が舟だと思っている。そして、水である民が自分を支えていると思っている。そうです。大勢の民が、税金をたくさん払いながら君主を支えています。

しかし、君主を支えながら、同時に、この舟を転覆させるものも、また水なのです。民が君主を立て、またこれを転覆させ、沈める。これが「革命の思想」です。こういうことが繰り返し起きています。

習近平氏はこれを読んでいるでしょうか。怪しいところです。読んでいないかもしれません。

習近平氏は、「自分は舟であり、民は自分の下にいる」と思っているのかもしれないけれども、「民はこれを覆すこともできるのだ」ということを、香港が証明しています。

これは、来るべくして来たものです。

十四億人から見れば、香港の七百万人など小さなものであり、「何を生意気なことを言うか。踏み潰せ！」という気持ちでしょう。しかしながら、香港の人たちが護っている価値観のなかには、「世界共通の人権思想」があります。そして、そのなかには、中国の未来が描かれているのです。中国が「民主主義」と「議会制」、「民主制」を選ばなければ、おそらく、中国の未来は続いて

●香港が証明……　香港では2019年6月以降、「逃亡犯条例」改正案への反対デモを皮切りに、民主化を求める市民によるデモが継続的に行われている。2020年1月1日にも、100万人以上が参加する大規模なデモが行われた。

いかないと思います。

この十年が〝苦しみの年〟になるはずです。

私は、中国を滅ぼしたいのではありません。中国の民衆に、未来の姿を教えたいと思っているだけです。

香港は今、巨大な政府に立ち向かっているように見えるけれども、香港が体現しているのは、実は、世界のなかで、人権思想が高まった豊かな先進国たちが持っている価値観なのです。

これに対して日本政府は、今まで沈黙し続けてきました。理由は先ほど述べたようなことでしょう。銀座には、観光の旗を持った中国からの買い物客がたくさん来てくれていますから、そうした人たちが来なくなったら困るので、言わないのでしょう。しかし、彼らにも未来は必要です。

日本のバンキングシステムの厳しい未来

中国の経済の崩壊は近づいています。そして、それはおそらく、日本にも大きな影響を与えることになると思います。

安倍首相に言っておきたいことは、「バンキングシステムについて勉強されておいたほうがいいですよ」ということです。

日本の地方銀行は百行ほどありますが、何もなさず無為無策だと、これから中国不況の影響を受けて百行のうちの九十行は潰れます。これは大変なことです。地方に住んでいる人が想像したら分かるのではないでしょうか。百行あるうちの九割が潰れたら、自分の会社はどうなるか。想像しただけでゾッとするでしょう。

しかし、おそらく、政府はまだ何も考えてはいないはずです。彼らが対策を打つのは、月刊「ザ・リバティ」（幸福の科学出版刊）に記事が載ってからあとのはずです。「ザ・リバティ」にはまだ載っていませんから、あらかじめ述べておきます。

それから、メガバンクが何行かありますけれども、今のアベノミクスのままでは、生き残るのは二行になります。ただ、どの銀行かは教えません。言ってしまうと、ほかの銀行の株が大暴落するからです。

メガバンク二行と地方銀行十分の一の世界が、これから起きるであろう世界です。その代わりとして、今まで金融（きんゆう）業界とは思われていなかった業界の人たちが、さまざまなかたちで参入してくるでしょうし、また、それ以外の外国か

●「ザ・リバティ」にはまだ……　本法話を受け、2020年３月号の特集記事として「202X年、中国バブル崩壊で地銀９割消滅!?　日本の銀行を救う５つの方法」を掲載した。

らの参入も、おそらくはあるでしょう。

ただ、今のアベノミクスの行き詰まりは、「超低金利を打ち出しても人々はお金を借りてくれない。そして、銀行は利幅が少ないために稼ぎが減り、潰れかかっている」ということなのです。ここへの抜本的な対策を立てておかねばならないと思います。それは、私にはすでに分かってはいるのですが、ここでは、〝公案〟として一般的に述べておきます。

日本と世界が直面する「エネルギー・環境問題」をどう見るか

さらに来るのは、「中国は不況のあと、一帯一路でお金を貸し付けた国からお金を回収しようとして、回収できない場合には軍事行動を起こすであろう」

ということです。「そのときに、アメリカ、ヨーロッパ、それから、ＥＵを離脱しようとしているイギリス、日本は、どうするのか」ということを、今、考えておかねばならないのです。

「お金がなければ土地ごと頂く」という考えもあることはあるのです。特に産油国などは、借金のカタに取るにはよろしいでしょう。

そして、日本は今、兵糧攻めならぬ〝エネルギー攻め〟をされています。原子力は駄目、石炭は駄目、石油は駄目。それから先には何が待っているのでしょうか。台風がたくさん来るこの国に、太陽光発電ばかりをやれとおっしゃるのでしょうか。けっこう厳しいと私は思います。

それから、太陽光発電は砂嵐にもとても弱いのです。中国が砂をこちらに飛ばさないでいただければありがたいのですが、砂を被れば発電ができなくなるので、本当に困ります。

今は、こちらの環境問題とも戦わなければいけないのです。

私たちは、無神論・唯物論とも戦わなければいけないけれども、その隠れ蓑として、あるいは別の姿として、先進国に対して攻撃を挑んでいる環境論者とも戦わなければなりません。

今、CO_2論議が盛んです。しかし、私から言わせてもらえば、CO_2が原因で気候変動がこのようになり、人類が危機に陥っているわけではないのです。私が言うのはちょっとおかしくて、少々笑えるのですが、それを信じている人の多くは、いわゆる「世紀末現象」が大好きな方々です。

ここ三十年ぐらいの気温の上昇を根拠にして、「科学的には、気温の上昇を止めなければ地球に異変が起きる。海水面が上がって国が沈没し、台風が起き、雨が降り、大変なことになる。氷は解けて、もう人類滅亡だ」というようなことが、今、吹聴されているわけですけれども、そんなことはありません。

地球ができたときには、地球は溶岩の塊でした。地球の周りは有毒ガスでいっぱいでした。温度は数百度でした。大気の温度は、今の金星のように五百度ぐらいありました。生き物など何も住めなかったのです。それが地球の始まりです。

その溶岩がだんだんに冷えてきて、ガスがだんだんに海水に溶け込み、さらに、そのなかのCO_2を吸い込んで植物が生まれ始め、海中にまた生物が生まれ始め、だんだん気温が下がって地球の寒冷化が進んできて、ようやく生き物が住めるようになってきたのです。

今の石炭や石油も、数千万年前に繁栄し、繁茂した、大きな植物たちの塊や、その当時の微生物たちの死骸が溜まってできたものです。それが石炭であり石油です。数千万年前に現代のエネルギーのもとをつくりました。

ですから、長い目で見て、恐竜さえ生まれていなかった時代から見たら、今、言われている「CO_2の増加による環境の変化」というのは、本当におかしな議論なのです。

信仰心には「未来のあり方を変える力」がある

恐れるべきは、こうした、「海水温度が一度や二度上がって、どうなる」というようなことを、いかにも科学的に言うことではなく、「天の心からこの世の人間の心が離れること」です。

それによって、地球はいろいろな変化を起こします。地球自体が生命体だからです。地球の表面に生きている八十億近い人間、これから百億を目指す人たちの「心」が間違って(まちが)いたら、地球自体が変化を起こすのです。

これは、海水温の上昇だけで起きることではありません。海水温が上昇しても、海の水が蒸発して雲をつくり、雨を降らせたら冷却(れいきゃく)できます。CO_2が増えても、植物が増えるだけなのです。すでに調整システムがあるのです。

それが調整できないのは、間違った想念を持った人たち、間違った考え方を持った人たちが、カビが広がるように地上にはびこっているからなのです。

ですから、不思議に見えるでしょうけれども、環境問題の解決と、人類の絶滅を懸(か)けた戦いは、「真理の伝道」のなかにあるのです。

それが、みなさまがたが今やっていることなのです。

ただ、力がまだ足りていないのです。

全世界に真理を広げてください。

いかなる天変地異も変えてしまう力、未来のあり方を変えてしまう力が、信仰心（しんこうしん）にはあるのです。

これを信じることが、「新しい繁栄の時代」を拓（ひら）くことになります。

そして、それが、私が今、この地上に現れていることの意味でもあります。

頑張（がんば）れ、幸福の科学のみなさん！

頑張れ、世界の有志たちよ！

頑張れ、まだ見ない、未来の菩薩（ぼさつ）たちよ！

あなたたちの手に、人類の未来は預けられています。

二〇二〇年も戦いです。

頑張りましょう！

第2章

混迷の時代を強く、しなやかに生きる

――『鋼鉄の法』講義――

2020年1月5日　説法

東京都・幸福の科学 東京正心館にて

1　イランとアメリカの対立の行方(ゆくえ)

二〇二〇年は厳しい年になる

二〇二〇年の中心経典(きょうてん)となる『鋼鉄の法』（幸福の科学出版刊）の講義を年初から行うことになりましたが、経典の内容はいろいろなものをカバーしているので、あまり気にせずに、一章分を付け加えるぐらいのつもりでお話ししたいと考えています。

『鋼鉄の法』
（幸福の科学出版刊）

さて、二〇一九年の終わりごろを中心にですが、国際情勢に関してもさまざまに霊示等が降り、書籍も出版しています。

宗教にしては、いろいろな政治問題、外交問題について数多くの発信をしているので、なかなかついてこられない人もいると思いますし、また逆に、そういう内容に詳しい方々のなかには、「宗教からこんな意見が出てもよいのか。どのように取り扱ったらよいのか、どのように考えればよいのか分からない」という人も多いでしょう。

私は、アジアの極東地域と中東地域の二カ点について、非常に警戒している旨の発言を数多くしています。その内容のとおり、二〇二〇年はけっこう厳しい年になるのではないかと考えています。

そのように、厳しい年明けにはなりますが、またそれが、新しいゴールデン・エイジにも変化していくものだと信じたいと思います。

イラン・ソレイマニ司令官霊の突然の訪問

さて、まったく予定にはなかったのですが、実は、昨日（二〇二〇年一月四日）の夜十一時過ぎごろに、突如、来た霊がいました。

何かなと思ったのですが、夕方にCNNのニュースを観た影響もあったのかもしれません。トランプ大統領も発表しているように、イランのソレイマニ司令官という方が、ドローン攻撃によって殺害されたと報道されています。イラクにあった遺体は、今日、テヘランに運ばれるようですが、イランのほうは三日間ほど喪に服すとのことです。

この方とは直接に会ったこともなく、話したこともない方ではありますけれども、昨日(きのう)の夜十一時過ぎに私のところに現れたので、ちょっとびっくりしつつも、四十分ほど話をしたのです。

「どうして来られたんですか」と訊(き)いてみたところ、「すでに、ロウハニ大統領やハメネイ最高指導者から大川隆法先生のことは聞いています」「幸福の科学が調整に入ってくれていると思っていたのですが、なす術(すべ)もなく、いきなりあの世行きになってしまったので、ご挨拶(あいさつ)に来ました」という感じでした。

また、ご本人はイランから日本まで来たこともないと思われるので、「どういう感じで来るんですか」と訊いたら、「地下鉄のチューブのようなものにスーッと入って、地球のなかを通って東京にスポッと出てくるような、そんな感じでした。援助(えんじょ)する方もあって、そういうふうになっているのだとは思いますけれども」という話でした。大統領や最高指導者からは、すでに幸福の科学の話を聞いていたようです。

確かに、当会のほうも昨年末から調整に入っていたところではありました。何とかして最高指導者とトランプ大統領との会談に持っていき、話し合いによってイラン攻撃を急がないようにさせたいと思い、動いてはいたのですが、別の事情も入ってきて急ぐようになったのではないかと思います。

その事情というのは、一つには去年の年末から起きている米議会での弾劾裁判でしょう。トランプ大統領に対する弾劾が、民主党優位の下院においては成立し、一月からは上院での審議となります。こちらは共和党のほうが数が多いので否決される見込みではありますが、現職大統領としては歴代三人目の弾劾裁判が行われる時期でもあるし、今年は大統領選が行われる年でもあります。

そうした情勢から見ると、アメリカの大統領としては、戦争にかかるのが普通のことではあるので、攻撃が近づいているとは思っていました。

また、●私が出している本のなかに、イランの代表者の守護霊意見として、「去年の十二月にアメリカは中国との関税問題をいったん棚上げしたので、攻撃が来るかもしれない」というような言葉も出ていましたけれども、そのとおりになったということになります。

トランプ大統領によれば、「テロリストを一名殺害した」ということで、「何百人、何千人ものアメリカ人へのテロをする恐れがある人を事前に倒して、攻撃を防いだ」という意見なのですが、イランのほうでは英雄と思われていて、大統領候補の一人でもあった方ではあります。

●私が出している本の……　『イギリス・イランの転換点について』（幸福の科学出版刊）第2章「ロウハニ大統領守護霊の霊言」参照。

そして、昨日、実際に話してみた結果ですが、攻撃されて死んだばかりであるため、普通であれば悩乱していてもおかしくはない状況であるにもかかわらず、とても達観しており、どちらかといえば、人物高潔な方でありました。

それから、イランの立場としての意見も持ってはいましたけれども、「国際情勢のなかで、アメリカが、なぜあのように動いているか」といったことについても、きっちりと説明ができる方でした。「ヨーロッパに対し、中国に対し、日本に対し、アメリカに対し、どのように考えているか」も述べていたので、人物としては、そうとう〝すっきり〟なされている方のようです。

過去世についてはあえて名乗りませんでしたが、鎌倉時代に日本に生まれたことがあり、元寇のときに北九州にて防塁を築き、元と高麗の合同軍と戦った武士であるということは述べていたので、いずれまた、どういう方であるかがはっきりするかもしれません。

ソレイマニ司令官霊はアメリカをどう見ているか

そのようなわけで、私としても驚きではありました。霊言において、イランの最高指導者や大統領は共に、日本に対して非常に親和性があり、当教団についての理解まであったわけですが、殺害された司令官でさえも、いきなり来て、「エローヒムに挨拶に来ました」というようなことを言ったのです。これには、私としても衝撃を受けたような感じでした。

そして、ソレイマニ司令官はアメリカとの比較の話もして、「でも、トランプさんは、エローヒムと言ってもすぐには分からないでしょう？　私は分かる

●イランの最高指導者や大統領は……　『イギリス・イランの転換点について』『イランの反論　ロウハニ大統領・ハメネイ師 守護霊、ホメイニ師の霊言』（前掲）等参照。

のです。長らく中東のほうの指導をされていたので、われわれは知っています」というようなことも言っていました。

また、「あちらの地から日本への転生も、数多くの方が経験している」というようなことも言っていたのです。

そのように、新聞報道やテレビ報道で出る国際情勢ニュースとは別に、私たちのほうは、「霊界側というか、神仏の側から見てどのように見えるか」という判断をしています。

なお、ソレイマニ司令官の意見としては、「われわれは、アメリカが言っているようなかたちでの攻撃、例えば、『日本の安倍総理がイランに来ている間に、日本国籍のタンカーを攻撃する』というようなバカなことはしない。これについては同じです」というように言っていました。

●**エローヒム**　イスラム教の最高神・アッラーと同一の存在。地球神エル・カンターレの本体意識の一つ。約1億5千万年前、今の中東に近い地域に下生し、「光と闇の違い」「善悪の違い」を中心に智慧を示す教えを説いた。『信仰の法』(幸福の科学出版刊)等参照。

それから、「アメリカ側は、『アメリカに対しての攻撃を考えているから』という意見によって、私をテロリストと言っているけれども、われわれはアメリカを攻撃してはいない。むしろ、アメリカのほうがサウジアラビアに軍事基地を持ち、イラクについても、占領したあともまだアメリカの支配下に置いている状態だ。

おそらく、イラクのなかにある、シーア派というイランと同じ宗派のグループの人たちで、アメリカに抵抗しているところと、自分たちとがつながりがあるというようなことが、『テロリスト』という意見のもとになっているのだろう。

だけど、客観的に見れば、アメリカのほうがはるばる海を越えて中東地域を支配しに来ているのであって、われわれはアメリカを攻撃しているわけではない。これはどう考えても、私たちのほうが防衛しているということだと思う」というようなことでした。

また、「向こうは、『攻撃されるかもしれないから、事前に護るために抑止した』という言い方をしている。まあ、そういう言い方をするであろうけれども、自分たちには、独立した国家としての自衛権はあると思っている」というようなことも述べていました。

「トランプ大統領の考え」を冷静に分析したソレイマニ司令官霊

ただ、もう一方で、なぜ、アメリカがそのように動いたのかということについても冷静に分析していました。

要するに、アメリカは、中東においてサウジアラビアを押(お)さえているし、クウェートやイラクも押さえていますが、さらに今、急いでイランまで押さえることができれば、中東の産油国の大きなところをだいたい押さえることができるわけです。

そういう意味で、ソレイマニ司令官は、「中東の石油は、中国がいちばん多く買い付けているし、ヨーロッパも買い付けているので、トランプさんは『中東を支配下に置いて、イスラエルをアメリカの代理人として見張らせる』というスタイルに持っていくことで、次の中国との覇権(はけん)戦争において、中国への油を断(た)つつもりがあるのだろう。

たぶん、そう考えているはずだし、ヨーロッパが中国とつながらないようにするためにも、ヨーロッパに行く油のもとのところもアメリカが押さえるつもりではあるだろう。たぶん、そこまで、トランプさんは考えているだろう。そういう意味においては、あなたがたが言っていることとつながってはいることだ。

ただ、極東のほうでは、もうすでに、北朝鮮がミサイルを撃ちまくっており、たぶん、また新しい実験も近々すると思われるような状況なので、幸福の科学のほうとしては、順番として、『こちらのほうを先に片付けてほしい』という気持ちはあるだろう。

だけど、トランプさんとしては、『まず、中東の油のほうを押さえてしまって、中国、北朝鮮へのルートを潰す』というように、戦略的に判断したのだとは思う。それについては、マクロでは理解はできる」ということは言っていました。

また、「あとは、どのようにされるかは、エル・カンターレのご判断です」というようなことも言っていたので、かなり、ものを分かっている方のように思いました。

そのようなわけで、比較してよいかどうかは分かりませんけれども、●以前にお話しした、イスラエルのネタニヤフ首相の守護霊よりは「上」の方のように、私には見えました。

ソレイマニ司令官は、「背景には大きな国際戦略もあってのことだし、トランプさんの弾劾訴追（そつい）による名誉失墜（めいよしっつい）の部分を回復して、再選を目指すためにも戦争は必要であるのだろうから、こういうことになったのだろう」というようなことを言っていたのです。

●以前にお話しした……　『イラン大統領vs.イスラエル首相』（幸福実現党刊）、『リーダー国家 日本の針路』（幸福の科学出版刊）参照。

今後のイラン情勢をめぐる、さまざまな可能性

ただ、アメリカがイランの司令官を殺害したことによって、私たちが持っていた、「イランの最高指導者にワシントンに行ってもらい、トランプ大統領と会ってもらおう」という考えはかなり難しくなったかなと、今、思っています。

イランのほうは、三日間喪に服したあと、何らかの反撃行動をする可能性が高いと思います。

ということであれば、アメリカのほうは今、イランの基地・陣地等の五十二カ所ぐらいに照準を合わせていますので、そのあたりに一斉にミサイル攻撃、および、空爆が始まることになるでしょう。大きな戦争になるかどうかは分か

●何らかの反撃行動を……　2020年1月8日、イランの革命防衛隊は、ソレイマニ司令官殺害の報復措置として、イラク国内の複数の米軍基地にミサイル攻撃を行った。

りませんが、少なくとも、イランの主要な軍事施設を破壊するところまでは、やる可能性は高いと思います。

これを避けるには、もちろん、イランの最高指導者や大統領が、司令官が殺されたことを受け、「われわれは、そのようになりたくない。アメリカには、とても敵わない」と言って、あっさりと白旗を揚げて降参するというパフォーマンスを行えばよいのかもしれません。そうしたときのみ、アメリカの攻撃は止まるでしょう。

ただ、おそらくは、イラン側のあの感じから見て、そのようにはならない可能性が高いと思います。

日本にできることは、もう数少なくなりました。安倍首相が年末にロウハニ大統領と会いましたが、おそらく言うことはなかっただろうと思います。自衛隊が中東近辺を調査・研究のために〝ウロウロする〟ということの説明と、「アメリカとあまり過激なぶつかりにならないように」という程度のことしか言えなかったでしょう。

一方、イランの大統領は、「自分たちのほうは、独立国家としての国防以外はやっていないのに、ああいうふうにテロリスト扱いされるのは納得がいかない」というように言ったのだろうと思います。

イランの大統領は、幸福の科学の国際本部から差し上げた、白象の開運お守りのようなものを持って帰ったようではありますが、白象で護ってもらえるかどうかは分かりません。すでに居場所は特定されているはずです。

そこまでは行かないかもしれませんが、イランの上の三人ぐらいを殺害して終わりになると思っているのか、それで民主主義になるかどうか、微妙なところでしょう。

イランでは、国民のほうは上層部に対する不満から、デモをかなりやっていました。経済制裁をされて、物が入らず、食べ物も入らず、そうとう物価が値上がりし、油の値段も何倍にも上がってきて、国内でも自動車で走るのに苦しくなってきているのです。そういうインフレ状態になっているので反対が起きていたのですが、これから国内の方向性はやや変わってくる可能性はあると思います。

2 イラン 対 アメリカ、その問題の本質

欧米型の文化に変えたいアメリカ、歴史に誇りを持つイラン

ポイントは、結局、「考え方のぶつかり合い」だと思うのです。

アメリカおよびヨーロッパは、中東のほうを欧米型の文化のほうに変えていきたいという気持ちは持っていると思います。これは私のほうも、長い意味では、ある程度、そうしなければいけないと思っています。イスラム改革については、もう少し、「自由・民主・信仰」のなかの「自由・民主」のところ、欧

米で言われている「基本的人権」のところを理解したかたちに変える必要はあると考えていました。

先ごろは、かなり、そういう変化は起きてはきていたのですが、アメリカから見れば、「その変化が極めて遅い」ということであるのではないかと思います。

一方、イランの側から見ればどうでしょうか。親米のパーレビ政権のときに、伝統的なものを取り戻すために〝王政復古型〟のホメイニ革命が起き、それが続いているわけですので、欧米化は、「純粋な伝統が破られる」ということだと思うのです。

私も昨日あたりに、イランのシーア派の教科書を二冊読んでみたのですが、確かに、日本では見ることのできないようなところもありました。

例えば、その教科書のページのなかには、「善悪とは何か」も書いてあるし、「死後の生活」まであります。「死後、どういう生活をするか」まで書いてあるのです。これは日本の教科書ではありえないことですから、イランが宗教国家であることは、よく分かります。

アメリカでも、おそらく、教科書にはここまでは書かないでしょう。死後の生活については、教会で話を聞くレベルではないかと思います。

こうした完全な「宗教国家」は、欧米圏から見ると、やはり、ある程度の権威主義社会には見えるし、みな真っ黒い服を着て集団で動いているので、全体主義の一つには見えるのではないかと思っています。

こうした文化的相違については、なかなか難しいものがあるので理解しにくいところはありますが、多少、欧米型の考え方を受け入れて改革をしないと、ホメイニ革命のままでは孤立していく可能性は高いと思うのです。「そのきっかけとしては、何らかの意味で、大きな戦争に至らない程度の軍事的な行動は、おそらくあるであろう」という予想は立ててはいました。

これが、よい方向に動けばよいとは思うのですが、やはり意地があるので、そう簡単にはきかないかもしれません。

ソレイマニ司令官の霊と話をしてみても、「われわれは、イスラエルの三千年ぐらい前のユダヤ教より、もっと古い。少なくとも六千年以上の文明の歴史があって、中国五千年とか言っているけれども、それよりももっと古いのだ。世界の現代の文明の発祥の中心にあるのだ。イラン・イラクのあたりは、そうした霊的な震源地となっている。それについての誇りは持っているので、これは捨てられない」というようなことは言っていました。

ただ、現実の世界においては、やはり、国によって文明格差、文明落差があるので、「文明のレベルが高いところとぶつかった場合には、文明レベルが低いところは勝ち目がない」というのが現実ではあるでしょう。司令官のほうも、「戦争をしたら勝ち目はないだろう」ということは言っていました。

どういうかたちで落ち着くかは分かりません。ただ、私としては、イスラム教もいろいろな意味での改革は必要なので、象徴的な部分はあってもよいかとは思いますが、アメリカの国内問題の〝振り替え〟として大きな戦争になることのないように祈りたいとは思っています。

「文明の衝突（しょうとつ）」が最終の段階に入っている現代

例えば、これはＬＧＢＴの流れと同じですけれども、今日の新聞には、次のようなことが書いてありました。

中学生や高校生は制服を着ますが、その制服を着るときに、「港区（みなと）では、自分の心が男性か女性かによって、どちらの制服を選んで着てもよいという条例が通るかもしれない」といったニュースが載（の）っていたのです。つまり、「私は女性だ」と言えば、セーラー服を着て学校へ通えるようになるわけです。

自由な港区ではありますが、イランから見れば、「そういうのはやめてほしい」「そういうかたちでの西洋化は勘弁（かんべん）願いたい」ということなのです。「伝統はしっかりと守りたい」という考え方です。

　一方、そうしたリベラリズムの流れがキリスト教国をグルッと回り、今、イスラム教のほうに侵入しようとしているわけですが、そのイスラム教国も、キリスト教圏の人たちから見ると、例えば、男女差別等がやや厳しすぎるわけです。特にいちばん嫌われているのは、「女性を物のように扱っているところがある」ということです。女性を財産や物のように扱っているところがあり、これについては、やはり、改革が急務と見ているところはあります。

　これに関しては、私も、ある程度は受け入れなければいけない面はあるとは思っています。「女性が男性と比べて、社会的に非常に後れた扱いをされている」ということは、あまり好ましいことではないと思うので、変えるべきでしょう。

ただ、ファッションのことだけを言っているとしたら間違いはあります。イスラム教徒の女性は外側には黒いものを着ていますけれども、その黒いものを一枚脱ぐと、なかはかなりカラフルな服装をしています。その格好で家のなかを歩いていますから、それについては、やや違う面はあると思うのです。

このように、「文明の衝突」は、三回の十字軍が終わり、いよいよ現代の最終のものに入っていると思います。

イランの指導者たちを調べてみると、かつては日本にも生まれたことがあり、武士道をやったことがあったり、明治以降に日本軍として戦いに参加したこともあったりするような人もいました。

また逆に、キリスト教圏のほうの強硬派の人たちのなかには、おそらく、十字軍のときにイスラム教徒と戦った人が入っているのだろうと思うので、まだ決着がついていない部分が、今後も続くのではないでしょうか。どのあたりが頃合(ころあ)いがよいか、見極めていかねばなりません。

●今述べた霊言(れいげん)についても、いずれ発表されると思いますので、そちらを読んでいただければ幸いです。

●今述べた霊言……　2020年1月4日収録の「ソレイマニ司令官の霊言」は、『アメリカには見えない　イランの本心』（幸福の科学出版刊）第1章に所収。

3　混沌化していく世界のなかで必要なこと

今後のアジア情勢で予測される動き

そういうことで、年初から激しく動いています。

また、あまり大きなニュースにはなっていませんが、数日前、台湾の参謀総長が乗ったヘリコプターが墜落し、参謀総長が死亡したことが確認されています。証拠が出ないために、それ以上大きな問題にはなってはいませんけれども、イランの司令官がドローンで狙われるぐらいですから、台湾の参謀総長がヘリコプターに乗っていることを知っていて撃ち落としたということは、可能性としてはあるのではないかと私は思っています。これは中国側からだろうと思われますが、蔡英文氏に対する警告をしている可能性もあるでしょう。

その意味で、アジアのほうも、また別のかたちでの動きが出てきそうです。北朝鮮に関しても、一度は和解に向けた活動をしましたが、また強硬化してきているので、今年あたり、何かけじめをつけなければいけない年になるのではないかと考えています。

そういう意味で、日本では新しい令和の時代が始まり、新天皇が即位され、また、二〇二〇年は東京オリンピックの年でもあるため、「平和の祭典が行われ、それに便乗して景気がよくなり、全部がよくなるといいな」と思っている人が多いのでしょうが、いかんせん国際情勢は、それほどゆっくりとは待ってくれないかたちで動いていくのではないかと思います。

これに対して日本が何をすべきかということを、私たちは、幸福実現党という政党を立ち上げた二〇〇九年からずっと言い続けてきているわけです。

私たちが述べていることは、日本の国の常識やマスコミの常識、あるいは他の政党の常識から見れば、非常に外れた極端な意見のように聞こえていたかもしれません。しかし、もう少しすると、「ああ、幸福実現党の言っているとおりにしておけばよかったな」という時代が来るでしょう。

もちろん、私たちの考えをもっと早く、もっと遠くまで広げることができればよかったとは思います。警告のレベルまでしかできなかったことは残念です。

ただ、一定の使命を果たすことはできるようになると思います。

最終判断はエル・カンターレが行うことになっている

今後、世界は混沌化していきますけれども、最終判断はエル・カンターレがすることになっています。最終的にどういうかたちにするかについては、「エル・カンターレ判断」ということになるわけです。それは、北米を司っているトス神も、中東のほうにまだ信仰心が遺っているエローヒムも、考えは同じであるということです。

今年は『鋼鉄の法』のとおり、強く、かつ、しなやかに生き続けなければいけないでしょう。

単に強くて硬いだけでは折れてしまうので、それでは駄目であり、しなやか

●トス神　地球神エル・カンターレの分身の一人。約1万2千年前、アトランティス文明の最盛期を築いた大導師。現在、北米の霊界を司っている。『太陽の法』『イエス　ヤイドロン　トス神の霊言』(共に幸福の科学出版刊) 等参照。

さも持つ必要があります。ただ、しなやかでも、竹のようにそよいでいるだけでは駄目であり、やはり強さもなければなりません。今年はそういう年だと思います。

信仰、信念の強さを貫く（つらぬ）と同時に、さまざまなところでの「矛盾（むじゅん）」「考え方のぶつかり合い」「文明の激突（げきとつ）」、および「未来を懸（か）けての戦い」が起きてくるでしょうが、そのなかで、「日本のあるべき姿」と「日本が加わったかたちでの世界のあるべき姿」を描（えが）くことができるのは、幸福の科学だけだと思っています。私たちの考えをできるだけ遠くまで、できるだけ広く伝えていくことが大事でしょう。

イランとの和解に持っていくのはやや難しかったようですけれども、ロシアについてもまだ、中国のほうと完全に組ませるわけにはいかないので、安倍（あべ）首相には、もうひと頑張りしてもらいたいところです。
とにかく、何とかして、最終着地点にすべてを持っていきたいと考えています。

4　日本経済を復活させるには

「トランポノミクス」のインスピレーションの源

　そうしたマクロの意味での大きな考え方があって、今年もそちらに向けて、「地球の正義、愛、秩序」といったものをつくっていく努力をし続けるつもりですが、それにつけても、その発信基地である日本が、ただ単に衰弱、衰退していくだけであってはなりません。

　この国を力強く変えていく方法は、まだ残っています。その内容は数多く発信されています。ただ採用されていないだけなのです。

例えば、『トランポノミクス』という経済の本を翻訳して幸福の科学から出しているので、読んだ人も多いかもしれません。これは、トランプ政権が経済復興をしてアメリカを強くするために取った戦略ですが、『トランポノミクス』に書いてあることは、二〇〇九年から私が言っていることと同じです。「トランポノミクス」に降りているインスピレーションは、北米にあるトス神から降りているインスピレーションですので、幸福の科学と同根のインスピレーションであるのです。

今、アメリカのほうでは劇的な成功を収めつつありますが、日本のほうでは、同じインスピレーションを降ろしても、日本の民やマスコミはまだ十分に反応

●『トランポノミクス』 スティーブン・ムーア、アーサー・B・ラッファー 共著／藤井幹久 訳（幸福の科学出版刊）。

しないので、とても残念に思っています。

「緩やかなかたちでの国家社会主義」に向かっている日本

やはり、日本の現在の問題は、お隣の中国ほどではありませんけれども、「緩やかなかたちでの国家社会主義」に向かっているということです。これはもう明らかであり、この考え方をやめさせなければなりません。

では、この「緩やかなかたちでの国家社会主義」とは、何でしょうか。

それは結局、「大きな政府」ということです。ごくごく分かりやすく言うとすれば、ほとんど、企業を〝国営企業・公営企業〟に変えようとしているということであり、要するに、国民を〝公務員〟に変えようとする動きなのです。

「生まれたときから死ぬときまで面倒を見ます。会社も個人の商売も、すべて国の管理下に置きます。国はたっぷり税金を取る代わりに、それを再配分し、国民全員を養います」ということです。

そのように、「大きな政府」を目指しているのが、今の日本の国のあり方であり、現時点ではそれしか考えられないでいます。

これは、はっきり言って、戦後に流行った「ケインズ経済学」の名残です。

ケインズ経済学は、「秦の始皇帝による万里の長城やエジプトのピラミッドのような大きな公共工事等を行うことで、雇用が生まれ、資金が循環し、景気がよくなって食べていける」といった考え方に近いと言えます。つまり、「国家主導で大きな事業をすることによって雇用を生み、経済を発展させる」という考えです。

これは、戦時中などには効果を発揮しますし、大不況のときの一時的なものとして、数年間で不況を脱するために行うのであれば、何をしても効果は出るでしょう。

しかし、何十年にもわたる長い経済ということになると、こうした一時凌ぎの効果は薄れ、逆に、無駄なところが数多く出てくるようになります。無駄な仕事がたくさん出てくるわけです。

無駄に多額の税金を取り、それを無駄な仕事に大量にばら撒き、そして、本来働いてもらわなければいけない人に、働かずに食べていけるようにお金を撒くようになるでしょう。

また、学校についても、「国公立」と「私立」は別のものであり、私立ではどのような教育を行うのも自由なはずですが、補助金を入れることを理由に、この差をなくし、同じようにしようとしていっています。そのように、すべてを国営化していこうとしています。民営化とは反対の活動をしているわけです。

それでは、税金がたくさん要るようになります。また、いわゆる税金以外にも、〝社会保障という名目での税金〟も非常に多くなってきています。実際の税率のダブル（二倍）ぐらいは取られるかたちになるわけです。

それは、結局のところどういうことかというと、「この政策自体が少子高齢化を招いている」ということでもあるのです。

「子供がいなくても、晩年は政府が面倒を見てくれる」と思っている人が大勢います。子供はいなくても、病気になったときや老後の生活などの面倒を、国が借金をしてでも見るということになれば、財政赤字は大きくなり、出生率が落ちていくかたちになるでしょう。

これは、残念ながら〝逆回転〟しているということです。

日本にも「トランポノミクス」が必要な時期が来ている

また、税収の問題に関しては、今、幸福の科学の藤井幹久講師が『トランポノミクス』の講義を各地で行っているので、聞いている人もいるかもしれませんが、一九八〇年代のアメリカのレーガン大統領が用いた考え方に、ラッファー氏の思想に基づく「ラッファー曲線」というものがあります。税率を上げていくと、途中までは税収は増えるのですが、税率が一定以上を超えると、今度は税収は減り始め、ゼロになっていくという考え方です。

税率がゼロなら税収はゼロです。そして、一定のところまでは、税率を上げれば税収も増えます。しかし、それを超えたら、税収は減ってくるわけです。
それはそうでしょう。税率が高すぎたら、誰もが税金を払わなくても済むようなことを考え始めるのではないでしょうか。

日本も事実上、七割は赤字会社です。これは、税金を払わない体質をつくっていると言えるかもしれません。税率が一定以下の低さであればそういうことをしなくても済むのに、税率が高いために利益を出さないように努力しているわけです。

さらに、海外移転があります。企業や工場等が海外へ移転し、そこの従業員も海外でずいぶん採用したため、バブル崩壊以降、産業の空洞化は非常に進みました。

アメリカは今、それを国内に戻すように努力しています。「トランポノミクス」によって国内で雇用を増やし、もう一回、産業を復活させる方向でやっているのです。

今の日本も、ある程度、そういうことをしなければいけない時期に来ているのではないでしょうか。

「減税」によって地方を活性化する方法もある

地方では人口が減っています。このままではよくないでしょう。

私の生まれた徳島県も、人口は約八十万人だとずっと思っていたのですが、最近は七十万人ぐらいにまで減っていました。約十万人も減っているということです。十万人も流出しているというのは、あまり望ましい方向ではないように思います。

「ふるさと納税」というものもありますが、こうしたときに、地方に人を多少帰したり、企業を誘致したりする方法の一つとして、「人口が減っているところでは消費税の税率を下げる」という方法があります。

これは、私がアメリカにいたときにも、すでに行われていました。ニューヨークのマンハッタンでの付加価値税と、対岸のニュージャージー州での付加価値税とでは、十パーセントぐらい差があったのです。付加価値税とは、日本の消費税に当たる税です。

そのため、当時、私が住んでいたころ、日本人はマンハッタンのほうからニュージャージー州のほうにどんどん移動して、そちらのほうに住んでいました。

「買い物をするのに十パーセントぐらい税率が低い」となったら、やはり住みやすいので、家はそちらのほうに持っていきたくなるわけです。それで、日本人の生活圏はニュージャージー州のほうにそうとう移っていました。

そういうことはできるので、全国一律にやればよいというわけではありません。人口が減っていて、産業誘致、あるいは人口のUターンを目指しているところは、消費税などを独自に下げてもよいでしょう。そうすると、工場等が来たり、人が移住してきたりすることもあると思います。これは本当にそうなのです。

香港もそうです。今とは違う時代ですが、法人税等が二十パーセント以下だったので、日本の会社でも、本社を香港に移したりすることが流行っていました。社長邸を向こうにつくったりしているところもあったのです。

それほど大きな会社の話ではありませんが、幸福の科学出版をつくったときにも、「香港に本社を置きましょう」と言われたぐらいです。私は、「こんな小さな出版社が何を言っているのだ。香港で本をつくり、そして、本が来なかったらどうするのか。誰が管理するのか」と言ったのですが、やはり、税率が安いことが気になる人はいて、「日本だと四割以上取られますが、香港に行けばもっと安くなります」と言っていました。そのようなこともあったのですが、「あとの管理が難しいからやめましょう」と言って、やめたのです。

ただ、税率が低いと、そこが外国であっても、企業はどんどん移っていく傾向があると思います。

そういうわけで、本当の意味での日本の発展を考え、かつ税収も上げるのであれば、「税率を下げていく」ということも一つでしょう。

「アベノミクス」は事実上、終わった

アメリカは、オバマ大統領のときには失敗していましたが、トランプ大統領になってから、経済成長率は二倍以上になってきています。

日本も一生懸命(いっしょうけんめい)にやっていますが、考え方が少し甘(あま)いのです。例えば、今、銀行預金のレートを限りなくゼロにしていますが、「銀行に預金を置いても利子が付かないなら、みなお金を使うか」といえば、使うわけではありません。そういうことでは使わないのであり、やはり、発展性のある仕事がなければ、お金は使わないのです。

むしろ、ある意味では、銀行の利息が低くなることにより、高齢者たちの生

活は消費税とダブルで脅かされています。

昔のように、例えば六パーセントぐらいの利回りがあったなら、一生で努力して何千万円とか一億円とかお金を貯めたら、毎年何百万円かの収入があるので、利子だけで生活ができ、子供の世話を受けなくても生きていけます。しかし、今はそれがほとんど見込めなくなっています。それと同時に、消費税は子供でもお年寄りでも払わなければいけないので、ダブルでかかって、生活が苦しくなっているわけです。

そして、政府は、生活が苦しくなっている人たちに対して税金をばら撒くということで、赤字国債を発行したり、あるいは、その他、財政出動をいろいろとかけたりしています。

これは、運営としてはあまりよくありません。「アベノミクスは事実上、終わった」と考えてよいでしょう。

私は、「税率を下げることが経済成長につながる」と言い続けています。これは今、アメリカがやっていることですし、一九八〇年代にすでに実験が終わっていることなのに、それを理解できなかったということが大きいでしょう。

前回の参院選で幸福実現党が消費税を五パーセントに下げることを訴えていたのは、共産党と同じに見えたかもしれませんが、共産党はほかの税金をたくさん取るつもりでいるので、私たちとは考え方が明らかに違います。

れいわ新選組のように、「消費税をゼロパーセントにしても、ＭＭＴ（現代貨幣理論）でいくらでもお金をばら撒いたらよい」と言うところもありますが、先ほど触れたラッファー曲線でいくと、ほとんど税収がゼロになるスタイルの考え方であると思います。

中国経済の大崩壊に備え、代替手段を考えるべき

やはり、迷ったなら基本に戻るべきだと思います。基本に戻り、まずは、自分たちのつくっている商品やサービスが、人々の役に立って必要とされるものであることを目指すことです。

要するに、虚業というか、「まったく意味のない数字のやり取りだけで儲ける」とかいうことのほうにあまり走るのではなく、実際の実業のほうで努力する、すなわち、「商品や製品を実際につくる。あるいは、実際に必要な実需のあるサービスを提供して、毎日毎日、毎年毎年、それをよりよくすることによって実収入を上げていく」という努力をすることです。それが、各人および各

企業に課せられた義務だろうと思うのです。

それから、「政府がどれほど力を入れて、個人のお金や企業のお金を使わせ、そして、経済の市場原理をコントロールしようとしても、これに成功したことはほとんどない」ということは知ったほうがよいでしょう。

これはアダム・スミスの時代からそうです。できないのです。やってはいけないことなのです。これをできると思うところは、だいたい「共産主義」や「社会主義」といわれる国になります。

実際に、お隣の中国はそれをやっているので、まもなく大崩壊を起こすだろうと思います。中国が大崩壊を起こしたら、中国との経済関係で多大な被害を被る企業の方々は、そろそろ、「代替手段をどのようにしてやるか」ということを考えたほうがよいでしょう。

まだ国内の給料は少し高いかもしれませんが、できれば、国内でつくれるものは国内でつくり、サービスでも、できるものは国内で行い、安いからというだけで外国に全部投げるのは、そろそろやめたほうがよいのではないかと思います。

5　「人間社会の発展」と「神の理想の実現」を目指して

地球温暖化は「食料の増産」と「砂漠の緑地化」にもつながる

それから、例のグレタさん●が日本にお出でになるかもしれないそうですが、またヨットで来るのでしょうか。どうやって来るのでしょう。気球もガスを燃やすから駄目です。

泳いで来るのか、ヨットで来るのか知りませんが、「日本に来る」ということであれば、小泉進次郎環境

●グレタさん　スウェーデンの環境活動家、グレタ・トゥーンベリ（2003～）。幸福の科学の霊査により、グレタ氏の守護霊の意見や彼女に影響を与えている霊人等、霊的背景が明らかになっている。『CO_2排出削減は正しいか』『イギリス・イランの転換点について』（共に幸福の科学出版刊）参照。

大臣は、ますます、下腹部に〝激しいパンチ〟を受けることになると思います。石炭を使わず、石油を使わず、天然ガスを使わず、原子力を使わず、どうやって、この高度産業国家を維持できるのか、その答えがどうなるのか、訊いてみたいと思います。

グレタ氏の霊査を行ったのは世界で幸福の科学だけですが、グレタ氏には、とても悪いものが憑いています。資本主義国家を滅ぼすことを目的にした邪悪なものが背景にいて、若い人を使って宣伝の顔にし、資本主義国家の息の根を止めようとしているのです。

どうか、それを見抜いてください。〝変わったかたちでの環境左翼〟だと見ていいと思います。

現実には、地球の海水面は上がってはいませんし、「北極が暖かくなった」

といっても、南極は寒くなったりしています。これはもう人間がコントロールできるレベルではありません。

もし温暖化が進むとしても、それは、おそらく食料が増えることを意味します。温暖化すると、生物体は体が大きくなります。それは食料が増えるからです。海中の魚も大きくなりますが、陸上の緑も増えるので、陸上で養える動物も増えてきます。悪いことばかりではありません。

そして、雨が降ってくれれば、砂漠（さばく）地帯が緑地に変わっていく可能性もあります。

そうした未来を考えたほうがいいでしょう。百億人の世界ができるときには、食料の増産がいちばん大事なことなので、温暖化を上手にコントロールし、食料増産につなげていくほうがよろしいかと思います。

グレタさんの主張は、それより前に、「CO_2を出さないようにして、みんな餓死で死ね」と言っているように私には聞こえるのです。

人間が生きているだけでもCO_2が出ます。牛を飼っていても、馬を飼っていてもCO_2が出るので、もうどうしようもなく、それを聞くと〝ノイローゼになる〟ので、どうかもう聞かないでください。

グレタさんが日本にヨットで来たら、「さようなら、さようなら、お帰りください。スウェーデンは遠いねえ。どうやって帰るんですかねえ」と言って、お帰ししたほうがよいと思います。

マスコミなどは、「面白いから」とすぐに食いつくと思いますけれども、どうか、強靱な、鋼鉄のような心を持って、「異端・邪説は排斥する」「われわれの未来は、自分たちできちんと護る」ということを考えてほしいと思います。

現政権の憲法改正案は論理的に矛盾している

それから、中国は香港や台湾を威嚇していますけれども、同時に尖閣も威嚇してくると思います。中国公船がかなり数多く来ていますし、中国南岸にミサイル基地がそうとう多くできているので、おそらく、「中国公船が入ってくる」のと「ミサイルを撃つ」のとが、もうすぐ同時に来ると思います。

また、北朝鮮とも連携する傾向も出てくるのではないかと思います。

安倍首相は強いのか弱いのか、鋼鉄なのか柳なのか、よく分からないのです。「あとは憲法改正に命を懸ける」と言っていますが、やってくれるのかどうか知りません。

公明党の意見を入れて、「今の日本国憲法九条の一項と二項をそのままにし、三つ目（九条の二の一項）に『自衛隊を保持する』というようなものを付け加える」と言っているのですが、これは、少なくとも法律を勉強した人から見れば、論理矛盾を起こすことは明らかです。

憲法には「陸海空軍その他の戦力は、これを保持しない」と書いてあるので、「陸海空軍を保持しないけれども、自衛隊は存在する」ということにするのは、はっきり言って無理です。

習近平国家主席に対し、「人類に対する罪」を問いたい

それから、国際社会の平和を求めるのは構わないと思うのですが、〝平和を

愛する諸国民ではない国〟もあるので、そういう国の国家主席を国賓で呼ぶのは、どうかやめてください。本当にそう思います。

「約束だから、どうしても国賓で呼ばなくてはいけない」ということなら、皇居に来て参内したときに皇宮警察が捕縛して国際司法裁判所に送り、そこで、「人類に対する罪」を犯したかどうか審議し、審判をしていただきたいと思います。

もう十分に「人類に対する罪」になっていると思うのです。ほとんど〝ヒットラー〟になっており、今は、ヒットラーを超えるかもしれない寸前のところまで来ています。

ウイグルで起きていること、チベットで起きたこと、内モンゴルで起きたこと、その他、中国の内部のいろいろなところで起きていること、これから香港や台湾で起きるかもしれないこと、この全部を入れると、これはヒットラー以上になると思うのです。

どうしても断れないのであれば、皇宮警察が逮捕したらよろしいと思います。絶対にプライベートジェットで逃げられないようにして捕まえ、国際司法裁判所で、「その罪ありや否や」を判定したらよいかと思います。

「強い信念」と「強い信仰心」の下に生きていこう

未来は流動的ですけれども、「強い信念」を持って、「強い信仰心」の下に生きていこうと思います。

われわれは、神仏を信じない国家、あるいは、「神仏を信じないことが善である」という似非科学主義に基づく文明の発展など、望んでおりません。

「神仏が存在し、われわれの魂も、永遠の転生輪廻のなか、この地球を磁場として魂修行を続けている」という真理の下に、人間社会の発展と、神の理想の実現を目指したいと思います。

どうか、『鋼鉄の法』を実践してください。

あとがき

今年は、中国と香港・台湾の激突、アメリカ 対 イランの対立を軸に、国際政治は展開していくだろう。簡単にいうとすれば、前者は、唯物論・無神論の大国 対 信仰のある民主主義国家の対立であり、後者は、ユダヤ・キリスト教文明 対 イスラム教保守との対立である。

いずれも、人間の持つべき信仰心の有無と正邪の問題が核心である。

私は、正しい意味での信仰心を持つ個人が、自由と民主主義をどう理解するかが、新時代を拓(ひら)く鍵になると思う。

人々は神なき人権思想が、砂上の楼閣(ろうかく)であることを悟るであろう。人類の過去を解体することだけが学問ではない。未来へ、力強い翼を与えるものこそが新しい学問であり、繁栄を目指す教育こそが急務なのである。

二〇二〇年　一月二十二日

幸福の科学グループ創始者兼総裁　大川隆法

『新しき繁栄の時代へ』関連書籍

『太陽の法』（大川隆法 著　幸福の科学出版刊）
『黄金の法』（同右）
『鋼鉄の法』（同右）
『信仰の法』（同右）
『愛は憎しみを超えて』（同右）
『いま求められる世界正義』（同右）
『リーダー国家 日本の針路』（同右）
『イランの反論　ロウハニ大統領・ハメネイ師 守護霊、
ホメイニ師の霊言』（同右）

『イギリス・イランの転換点について――ジョンソン首相・ロウハニ大統領・
ハメネイ師・トランプ大統領守護霊の霊言――』（同右）
『アメリカには見えない　イランの本心
――ハメネイ師守護霊・ソレイマニ司令官の霊言――』（同右）
『イラン大統領 vs. イスラエル首相』（大川隆法 著　幸福実現党刊）
『長谷川慶太郎の霊言』（大川隆法 著　幸福の科学出版刊）
『中曽根康弘の霊言』（同右）
『イエス　ヤイドロン　トス神の霊言』（同右）
『CO_2排出削減は正しいか――なぜ、グレタは怒っているのか?――』（同右）
『トランポノミクス』（スティーブン・ムーア、アーサー・B・ラッファー 共著
／藤井幹久 訳　同右）

新しき繁栄の時代へ
――地球にゴールデン・エイジを実現せよ――

2020年1月31日　初版第1刷

著　者　大川隆法

発行所　幸福の科学出版株式会社
〒107-0052 東京都港区赤坂2丁目10番8号
TEL(03)5573-7700
https://www.irhpress.co.jp/

印刷・製本　株式会社 堀内印刷所

落丁・乱丁本はおとりかえいたします
©Ryuho Okawa 2020. Printed in Japan. 検印省略
ISBN978-4-8233-0139-1 C0030
カバー STILLFX/Shutterstock.com
装丁・イラスト・写真(上記・パブリックドメインを除く)©幸福の科学

大川隆法シリーズ・**最新刊**

アメリカには見えない イランの本心

ハメネイ師守護霊・ソレイマニ司令官の霊言

イランは独裁国家ではない──。司令官の「死後の心情」や最高指導者の「覚悟」、トランプ大統領の真の狙いなど、緊迫する中東情勢の深層が明らかに。

1,400円

イギリス・イランの転換点について

英語霊言
英日対訳

ジョンソン首相・ロウハニ大統領・ハメネイ師・トランプ大統領守護霊の霊言

ＥＵ離脱でイギリスは復活するのか？ 米とイランの和解はあるのか？ 各国の首脳に本心を訊く！ 安倍首相・グレタ氏守護霊、ガイアの霊言を同時収録。

1,400円

イエス　ヤイドロン トス神の霊言

神々の考える現代的正義

香港デモに正義はあるのか。LGBTの問題点とは。地球温暖化は人類の危機なのか。中東問題の解決に向けて。神々の語る「正義」と「未来」が人類に示される。

1,400円

※表示価格は本体価格（税別）です。

大川隆法 ベストセラーズ・正義と秩序のある未来へ

いま求められる世界正義

The Reason We Are Here
私たちがここにいる理由

カナダ・トロントで2019年10月6日（現地時間）に行われた英語講演を収録。香港デモや中国民主化、地球温暖化、LGBT等、日本と世界の進むべき方向を示す。

1,500円

愛は憎しみを超えて

中国を民主化させる
日本と台湾の使命

中国に台湾の民主主義を広げよ──。この「中台問題」の正論が、第三次世界大戦の勃発をくい止める。台湾と名古屋での講演を収録した著者渾身の一冊。

1,500円

Love for the Future

未来への愛

英語説法
英日対訳

過去の呪縛からドイツを解き放ち、中国の野望と第三次世界大戦を阻止するために──。ドイツ・ベルリンで開催された講演を、英日対訳で書籍化！

1,500円

大川隆法霊言シリーズ・**世界情勢を読む**

イランの反論 ロウハニ大統領・ハメネイ師守護霊、ホメイニ師の霊言

なぜアメリカは、イランをテロ支援国家に仕立てるのか。イランの国家指導者たちの霊言、守護霊霊言を通して、混迷する中東情勢の真相と黒幕に迫る。

1,400円

守護霊インタビュー トランプ大統領の決意

北朝鮮問題の結末とその先のシナリオ

英語霊言
英日対訳

“宥和（ゆうわ）ムード” で終わった南北会談。トランプ大統領は米朝会談を控え、いかなるビジョンを描くのか。今後の対北朝鮮戦略のトップシークレットに迫る。

1,400円

自由のために、戦うべきは今

習近平 vs. アグネス・チョウ 守護霊霊言

今、民主化デモを超えた「香港革命」が起きている。アグネス・チョウ氏と習近平氏の守護霊霊言から、「神の正義」を読む。天草四郎の霊言等も同時収録。

1,400円

※表示価格は本体価格（税別）です。

富の創造法

激動時代を勝ち抜く経営の王道

豪華装丁
函入り

低成長期が30年近く続き、増税による消費不況が予想される今、企業は「正攻法」に立ち返るべきだ。日本を再度、勝ち組に戻すために編まれた経営書。

10,000円

自由・民主・信仰の世界

日本と世界の未来ビジョン

国民が幸福であり続けるために──。未来を拓くための視点から、日米台の関係強化や北朝鮮問題、日露平和条約などについて、日本の指針を明示する。

1,500円

トランポノミクス

アメリカ復活の戦いは続く

スティーブン・ムーア　アーサー・B・ラッファー　共著
藤井幹久　訳

トランプ大統領がツイッターで絶賛した全米で話題の書が、ついに日本語訳で登場！ 政権発足からアメリカ経済の奇跡的な復活までの内幕をリアルに描く。

1,800円

大川隆法ベストセラーズ・地球神エル・カンターレの真実

太陽の法

エル・カンターレへの道

創世記や愛の段階、悟りの構造、文明の流転を明快に説き、主エル・カンターレの真実の使命を示した、仏法真理の基本書。14言語に翻訳され、世界累計1000万部を超える大ベストセラー。

2,000円

信仰の法

地球神エル・カンターレとは

さまざまな民族や宗教の違いを超えて、地球をひとつに――。文明の重大な岐路に立つ人類へ、「地球神」からのメッセージ。

2,000円

トス神降臨・インタビュー アトランティス文明・ピラミッドパワーの秘密を探る

アンチエイジング、宇宙との交信、死者の蘇生、惑星間移動など、ピラミッドが持つ神秘の力について、アトランティスの「全智全能の神」が語る。

1,400円

※表示価格は本体価格(税別)です。

大川隆法「法シリーズ」・最新刊

鋼鉄の法

人生をしなやかに、力強く生きる

自分を鍛え抜き、迷いなき心で、闇を打ち破れ――。
人生の苦難から日本と世界が直面する難題まで、さまざまな試練を乗り越えるための方法が語られる。

第１章　繁栄を招くための考え方
――マインドセット編

第２章　原因と結果の法則
――相応の努力なくして成功なし

第３章　高貴なる義務を果たすために
――価値を生んで他に貢献する「人」と「国」のつくり方

第４章　人生に自信を持て
――「心の王国」を築き、「世界の未来デザイン」を伝えよ

第５章　救世主の願い
――「世のために生き抜く」人生に目覚めるには

第６章　奇跡を起こす力
――透明な心、愛の実践、祈りで未来を拓け

2,000円

幸福の科学の中心的な教え――「法シリーズ」

全国書店にて好評発売中！

幸福の科学出版

心の闇を、打ち破る。

心霊喫茶
「エクストラ」の秘密
—THE REAL EXORCIST—

製作総指揮・原作／大川隆法

千眼美子
伊良子未来 希島凛 日向丈 長谷川奈央 大浦龍宇一 芦川よしみ 折井あゆみ

監督／小田正鏡 脚本／大川咲也加 音楽／水澤有一 製作／幸福の科学出版 製作協力／ARI Production ニュースター・プロダクション
制作プロダクション／ジャンゴフィルム 配給／日活 配給協力／東京テアトル ©2020 IRH Press cafe-extra.jp

2020年5月15日(金) ロードショー

1991年7月15日、東京ドーム。
人類史を変える「歴史的瞬間」が誕生した。
——これは、映画を超えた真実。

夜明けを信じて。

2020年秋 ROADSHOW

製作総指揮・原作 大川隆法

田中宏明　千眼美子　長谷川奈央　芦川よしみ　石橋保

監督／赤羽博　音楽／水澤有一　脚本／大川咲也加　製作／幸福の科学出版　製作協力／ARI Production　ニュースター・プロダクション
制作プロダクション／ジャンゴフィルム　配給／日活　配給協力／東京テアトル　©2020 IRH Press　NIKKATSU

幸福の科学グループのご案内

宗教、教育、政治、出版などの活動を通じて、地球的ユートピアの実現を目指しています。

幸福の科学

一九八六年に立宗。信仰の対象は、地球系霊団の最高大霊、主エル・カンターレ。世界百カ国以上の国々に信者を持ち、全人類救済という尊い使命のもと、信者は、「愛」と「悟り」と「ユートピア建設」の教えの実践、伝道に励んでいます。

（二〇二〇年一月現在）

愛

幸福の科学の「愛」とは、与える愛です。これは、仏教の慈悲や布施の精神と同じことです。信者は、仏法真理をお伝えすることを通して、多くの方に幸福な人生を送っていただくための活動に励んでいます。

悟り

「悟り」とは、自らが仏の子であることを知るということです。教学や精神統一によって心を磨き、智慧を得て悩みを解決すると共に、天使・菩薩の境地を目指し、より多くの人を救える力を身につけていきます。

ユートピア建設

私たち人間は、地上に理想世界を建設するという尊い使命を持って生まれてきています。社会の悪を押しとどめ、善を推し進めるために、信者はさまざまな活動に積極的に参加しています。

国内外の世界で貧困や災害、心の病で苦しんでいる人々に対しては、現地メンバーや支援団体と連携して、物心両面にわたり、あらゆる手段で手を差し伸べています。

年間約２万人の自殺者を減らすため、全国各地で街頭キャンペーンを展開しています。

公式サイト **www.withyou-hs.net**

ヘレン・ケラーを理想として活動する、ハンディキャップを持つ方とボランティアの会です。視聴覚障害者、肢体不自由な方々に仏法真理を学んでいただくための、さまざまなサポートをしています。

公式サイト **www.helen-hs.net**

入会のご案内

幸福の科学では、大川隆法総裁が説く仏法真理をもとに、「どうすれば幸福になれるのか、また、他の人を幸福にできるのか」を学び、実践しています。

仏法真理を学んでみたい方へ

大川隆法総裁の教えを信じ、学ぼうとする方なら、どなたでも入会できます。入会された方には、『入会版「正心法語」』が授与されます。

ネット入会 入会ご希望の方はネットからも入会できます。

happy-science.jp/joinus

信仰をさらに深めたい方へ

仏弟子としてさらに信仰を深めたい方は、仏・法・僧の三宝への帰依を誓う「三帰誓願式」を受けることができます。三帰誓願者には、『仏説・正心法語』『祈願文①』『祈願文②』『エル・カンターレへの祈り』が授与されます。

幸福の科学 サービスセンター
TEL 03-5793-1727
受付時間／火～金：10～20時 土・日祝：10～18時（月曜を除く）

幸福の科学 公式サイト
happy-science.jp

ハッピー・サイエンス・ユニバーシティ

Happy Science University

ハッピー・サイエンス・ユニバーシティとは

ハッピー・サイエンス・ユニバーシティ（HSU）は、大川隆法総裁が設立された
「現代の松下村塾」であり、「日本発の本格私学」です。
建学の精神として「幸福の探究と新文明の創造」を掲げ、
チャレンジ精神にあふれ、新時代を切り拓く人材の輩出を目指します。

人間幸福学部　経営成功学部　未来産業学部

HSU長生キャンパス TEL **0475-32-7770**
〒299-4325　千葉県長生郡長生村一松丙 4427-1

未来創造学部

HSU未来創造・東京キャンパス
TEL **03-3699-7707**
〒136-0076　東京都江東区南砂2-6-5

公式サイト **happy-science.university**

学校法人 幸福の科学学園

学校法人 幸福の科学学園は、幸福の科学の教育理念のもとにつくられた教育機関です。人間にとって最も大切な宗教教育の導入を通じて精神性を高めながら、ユートピア建設に貢献する人材輩出を目指しています。

幸福の科学学園
中学校・高等学校（那須本校）
2010年4月開校・栃木県那須郡（男女共学・全寮制）
TEL **0287-75-7777** 公式サイト **happy-science.ac.jp**

関西中学校・高等学校（関西校）
2013年4月開校・滋賀県大津市（男女共学・寮及び通学）
TEL **077-573-7774** 公式サイト **kansai.happy-science.ac.jp**

仏法真理塾「サクセスNo.1」

全国に本校・拠点・支部校を展開する、幸福の科学による信仰教育の機関です。小学生・中学生・高校生を対象に、信仰教育・徳育にウエイトを置きつつ、将来、社会人として活躍するための学力養成にも力を注いでいます。

TEL 03-5750-0751（東京本校）

エンゼルプランV　TEL 03-5750-0757

幼少時からの心の教育を大切にして、信仰をベースにした幼児教育を行っています。

不登校児支援スクール「ネバー・マインド」　TEL 03-5750-1741

心の面からのアプローチを重視して、不登校の子供たちを支援しています。

ユー・アー・エンゼル！（あなたは天使！）運動

一般社団法人 ユー・アー・エンゼル　TEL 03-6426-7797

障害児の不安や悩みに取り組み、ご両親を励まし、勇気づける、
障害児支援のボランティア運動を展開しています。

NPO活動支援

学校からのいじめ追放を目指し、さまざまな社会提言をしています。また、各地でのシンポジウムや学校への啓発ポスター掲示等に取り組む一般財団法人「いじめから子供を守ろうネットワーク」を支援しています。

公式サイト mamoro.org　ブログ blog.mamoro.org

相談窓口 TEL.03-5544-8989

百歳まで生きる会

「百歳まで生きる会」は、生涯現役人生を掲げ、友達づくり、生きがいづくりをめざしている幸福の科学のシニア信者の集まりです。

シニア・プラン21

生涯反省で人生を再生・新生し、希望に満ちた生涯現役人生を生きる仏法真理道場です。定期的に開催される研修には、年齢を問わず、多くの方が参加しています。全世界213カ所（国内198カ所、海外15カ所）で開校中。

【東京校】TEL 03-6384-0778　FAX 03-6384-0779

メール senior-plan@kofuku-no-kagaku.or.jp

幸福実現党

内憂外患（ないゆうがいかん）の国難に立ち向かうべく、2009年5月に幸福実現党を立党しました。創立者である大川隆法党総裁の精神的指導のもと、宗教だけでは解決できない問題に取り組み、幸福を具体化するための力になっています。

幸福実現党 釈量子サイト **shaku-ryoko.net**
Twitter **釈量子@shakuryoko**で検索

幸福実現NEWS
「ものづくり日本」の復活で
みんなが豊かに

党の機関紙
「幸福実現NEWS」

幸福実現党　党員募集中

あなたも幸福を実現する政治に参画しませんか。

- ○幸福実現党の理念と綱領、政策に賛同する18歳以上の方なら、どなたでも参加いただけます。
- ○党費：正党員（年額5千円［学生 年額2千円］）、特別党員（年額10万円以上）、家族党員（年額2千円）
- ○党員資格は党費を入金された日から1年間です。
- ○正党員、特別党員の皆様には機関紙「幸福実現NEWS（党員版）」（不定期発行）が送付されます。

＊申込書は、下記、幸福実現党公式サイトでダウンロードできます。
住所：〒107-0052　東京都港区赤坂2-10-8 6階 幸福実現党本部
TEL **03-6441-0754**　FAX **03-6441-0764**
公式サイト **hr-party.jp**

幸福の科学出版

大川隆法総裁の仏法真理の書を中心に、ビジネス、自己啓発、小説など、さまざまなジャンルの書籍・雑誌を出版しています。他にも、映画事業、文学・学術発展のための振興事業、テレビ・ラジオ番組の提供など、幸福の科学文化を広げる事業を行っています。

アー・ユー・ハッピー？
are-you-happy.com

ザ・リバティ
the-liberty.com

幸福の科学出版
TEL **03-5573-7700**
公式サイト **irhpress.co.jp**

ザ・ファクト
マスコミが報道しない
「事実」を世界に伝える
ネット・オピニオン番組

ザ・ファクト 検索

ニュースター・プロダクション

「新時代の美」を創造する芸能プロダクションです。多くの方々に良き感化を与えられるような魅力あふれるタレントを世に送り出すべく、日々、活動しています。 公式サイト **newstarpro.co.jp**

ARI Production

ARI Production（アリ プロダクション）

タレント一人ひとりの個性や魅力を引き出し、「新時代を創造するエンターテインメント」をコンセプトに、世の中に精神的価値のある作品を提供していく芸能プロダクションです。 公式サイト **aripro.co.jp**

大川隆法　講演会のご案内

大川隆法総裁の講演会が全国各地で開催されています。講演のなかでは、毎回、「世界教師」としての立場から、幸福な人生を生きるための心の教えをはじめ、世界各地で起きている宗教対立、紛争、国際政治や経済といった時事問題に対する指針など、日本と世界がさらなる繁栄の未来を実現するための道筋が示されています。

2019年12月17日 さいたまスーパーアリーナ「新しき繁栄の時代へ」

2019年10月6日 ザ ウェスティン ハーバーキャッスル トロント(カナダ)「The Reason We Are Here」

2019年7月5日 福岡国際センター「人生に自信を持て」

2019年3月3日 グランド ハイアット 台北(台湾)「愛は憎しみを超えて」

2019年7月13日 ホテル イースト21 東京「幸福への論点」

講演会には、どなたでもご参加いただけます。
最新の講演会の開催情報はこちらへ。⟹　大川隆法総裁公式サイト https://ryuho-okawa.org